MÉMOIRE

SUR

L'AMÉNORRHÉE,

DANS LEQUEL SONT ÉTABLIES DE

NOUVELLES DIVISIONS DE CET ÉTAT

QUI EN FACILITENT L'ÉTUDE ET LE TRAITEMENT.

PAR M. ANDRIEUX DE BRIOUDE.

PARIS,

A LA LIBRAIRIE DE GERMER-BAILLIÈRE,
Rue de l'École-de-Médecine, n° 17;
Et chez l'Auteur, rue Notre-Dame-de-Lorette, N° 19.

1843.

MÉMOIRE

sur

L'AMÉNORRHÉE,

DANS LEQUEL SONT ÉTABLIES DE

NOUVELLES DIVISIONS DE CET ÉTAT

QUI EN FACILITENT L'ÉTUDE ET LE TRAITEMENT.

PAR M. ANDRIEUX DE BRIOUDE.

« Le dérèglement des fonctions de la matrice est la cause de la plus grande partie des maladies de la femme. »

« La matrice est le modérateur et le régulateur de la santé des femmes (*Mauriceau*). »

La vérité de ces deux propositions est, de nos jours, hors de toute discussion, et la dernière est d'autant plus vraie, qu'on l'applique à l'écoulement des règles, à la grande fonction menstruelle. Personne ne songe à contester l'influence de la menstruation sur la santé de la femme, et, s'il le fallait, rien ne serait plus facile que de prouver par une longue série de faits de tout genre, combien il est important que l'écoulement des règles se fasse avec ordre et mesure.

Si le travail ménorrhagique est nécessaire pour la conservation de la santé de la femme, sa suppression, sa diminution, ou les troubles qui se manifestent dans le mode et les époques de son apparition, doivent fixer l'attention des médecins, et on voit tous les jours des symptômes très-graves ne pas reconnaître d'autre cause qu'un dérangement dans l'écoulement ménorrhagique.

Cette vérité a frappé tous les auteurs; dans tous on trouve de longs chapitres sur les dérangemens de la menstruation, sur les causes, les symptômes et le traitement de ces troubles, mais beaucoup, c'est là qu'est le mal, ont adopté un ou deux titres, aménorrhée, dysménorrhée, et sous ces noms ont établi un être, une maladie à part qu'ils ont rangé, tant bien que mal, dans leurs cadres nosographiques.

Si, comme on l'a dit et avec juste raison parfois, les détails tuent la science, ceux qui ont soutenu l'opinion contraire, c'est-à-dire que la science ne vit que de détails, ne sauraient être taxés d'erreur. Chaque camp a des preuves à fournir, des preuves irrécusables. De part et d'autre, il y a eu exagération, et il n'en reste pas moins prouvé pour nous que ce n'est qu'en divisant et subdivisant son sujet, qu'il est souvent possible de l'étudier. Il en est toujours ainsi pour une matière complexe, étendue; il en est ainsi pour un état morbide se liant à une foule d'états organiques, variés et divers, il en est ainsi de l'aménorrhée, *phénomène morbide, sympathique,* reconnaissant pour causes les innombrables lésions des organes qui constituent la machine humaine, phénomène dont la fréquence est en rapport direct avec les liaisons sympathiques sans nombre, de l'utérus avec les autres parties de l'organisme.

Nous avons écrit ailleurs, et nous le répétons aujourd'hui sans crainte : « L'aménorrhée, phénomène qui se
« rencontre si souvent, est en général mal étudiée. C'est
« toujours un nouvel embarras que de reconnaître la
« cause de la suppression du flux menstruel, que de sa-
« voir la juger, que de savoir s'il y a ou non indication
« d'une médication spéciale, et quand il faut agir, l'em-
« barras existe toujours, on se demande : Que faut-il
« faire ? Tout cela est dû à ce que l'on considère trop,
« même dans certains livres assez répandus, ce phéno-
« mène comme une maladie à part, et que l'on trouve
« conseillés à la fin du chapitre, les moyens les plus op-
« posés pour le combattre, comme aussi au commence-
« ment on avait vu les causes les plus différentes lui don-
« ner lieu. »

Avant d'aller plus loin, nous devons nous expliquer sur le sens que nous donnons aux mots *aménorrhée* et *dysménorrhée* : ceci est important ; car quoique les mots soient les mêmes pour tous les auteurs, la signification que chacun leur donne n'est rien moins que fixe. *Aménorrhée*, pour nous, est un terme générique qui indique que les règles ne coulent point, coulent en moins grande abondance que d'habitude, ou à des époques irrégulières (1), quelle que soit la cause ou l'époque du dérangement. Des épithètes que nous allons faire connaître donneront

---

(1) On nous reprochera peut-être de donner au mot *aménorrhée* ou *amétrorrhagie* une acception que ne comporte pas leur racine. Nous avons prévu l'objection, et nous avions même créé des mots nouveaux auxquels nous renonçons afin de ne pas augmenter le nombre des noms imaginés pour indiquer les divers états de la menstruation, nombre déjà si grand, que,

1.

ensuite au terme générique une valeur et un sens spéciaux. La *dysménorrhée* se trouve, par le fait de l'étendue de l'acception que nous donnons au mot *aménorrhée*, ne plus indiquer que les cas dans lesquels les règles, paraissant, soit avec la quantité, soit aux époques ordinaires, donnent lieu à des douleurs plus ou moins vives, qui se continuent jusqu'à ce que, par une sorte de détente brusque, le sang vienne à couler et appaise l'orage (1). Que l'on ne pense pas que *dysménorrhée* soit dans notre esprit synonyme de menstruation difficile : telle que nous l'entendons, elle ne peut avoir lieu que lorsque la vie utérine est bien établie, et encore, est-ce un peu pour céder à l'usage que nous ne comprenons pas ces deux états sous le même titre, *aménorrhée*.

Dans l'étude de l'etat morbide qui nous occupe, débu-

---

pour peu que la fabrication technologique augmente, il faudra avoir un vocabulaire spécial, sous peine de ne pas s'entendre. Nous avons donc mieux aimé conserver le même mot, quitte pour nous expliquer sur sa valeur.

(1) La signification du mot d'*ysménorrhée* se trouve aussi changée; mais elle a tant varié avec les auteurs, qu'il est peu important de lui donner telle ou telle acception, et ici comme plus haut, quelque convaincu que nous soyons de l'utilité d'une nouvelle nomenclature médicale, et quoique nous ayons défendu celle du professeur Piorry, nous nous gardons de faire des mots nouveaux, car, que chacun en fasse de son côté, et bientôt on ne s'entendra plus : l'un parlera grec, l'autre latin, l'autre français, et il faudra passer son temps à apprendre des mots sans pouvoir apprendre les choses. Nous aimons mieux attendre qu'une nomenclature soit reçue et passée dans le langage, alors nous serons le premier à l'admettre.

terons-nous par la recherche des causes, pour passer ensuite à l'observation des symptômes, des signes, au pronostic, et enfin arriver au traitement ? Cette marche est rationnelle; autant que faire se peut nous l'adoptons dans l'étude des organopathies génitales, mais ici la chose est impossible, et elle est impossible parce que c'est à un phénomène, à un symptôme, à un signe que nous avons à faire. Écrire un chapitre général sur les causes de la suppression du flux menstruel, serait entreprendre l'énumération de toutes les affections qui peuvent atteindre la femme, de tous les agens extérieurs qui exercent sur elle une fâcheuse influence. Notre sujet, nous l'avons dit, réclame des divisions; ce sera à propos de chacune d'elles que nous entrerons dans l'histoire des causes qui peuvent donner lieu à telle ou telle variété, nous les trouverons différentes, souvent aussi diamétralement opposées, et *l'aménorrhée*, n'étant ordinairement pour nous que l'expression symptomatique d'un état morbide très-variable, ses causes seront celles de cet état morbide lui-même.

Quant à la séméiologie, nous ne pouvons, comme on le voit, suivre la marche ordinaire, car nous serions entraîné à faire la description symptomatologique de toutes les affections qui peuvent assaillir l'individu chez qui on observe un dérangement menstruel, et d'ailleurs rien de plus simple que le diagnostic, puisque le signe du mal c'est le mal lui-même, le dérangement des règles, l'aménorrhée.

Il n'en est pas de même du pronostic, qui, grave dans telle circonstance, n'offre rien d'inquiétant dans telle autre : il est toujours en rapport avec les désordres généraux et locaux, avec la lésion, ou si l'on aime mieux, avec la cause qui produit le trouble de la menstruation, et avec la possibilité de diriger contre le mal un remède efficace. Ce remède n'est point un; il est complexe, il se compose de moyens opposés, indiqués par les cas qui se présentent, et qui annoncent aussi ce que l'on doit attendre d'une conduite rationnelle, et déduite d'une observation exacte.

Comme nous venons de le voir, tout s'oppose à la généralisation; établissons donc de grandes coupes, de grandes divisions, et dans chacune d'elles cherchons ensuite des classes, des espèces, des variétés.

Dans l'œuvre menstruelle, comme dans toutes les fonctions chargées d'éliminer un produit de l'organisme, et de le porter au dehors de l'économie, deux grands phénomènes s'accomplissent : ces phénomènes sont : d'abord *sécrétion*, ensuite *excrétion*. Anatomiquement et physiologiquement, cette première division est vraie : on trouve dans l'appareil générateur comme dans l'appareil salivaire ou urinaire, par exemple, agent de sécrétion, la matrice; agent d'excrétion, le col de l'utérus et le vagin (1).

Comme tous les autres organes sécrétins, plus même que les autres, nous le savons, la matrice peut devenir le siége de lésions, être influencé directement ou sympathiquement par un viscère éloigné : l'organe étant malade, la fonction doit subir des dérangemens par excès ou par défaut. Nous ne parlons ici que des derniers, mais nous ne voyons pas moins déjà que l'aménorrhée peut avoir lieu par défaut de sécrétion, comme tous les conduits

---

(1) Je désire qu'on ne prenne pas complètement à la lettre la comparaison que j'établis entre l'utérus et certains autres organes de sécrétion, ce serait exagérer ma pensée.

excréteurs, plus même que beaucoup d'autres à cause du grand nombre d'organes qui concourent à sa formation, le canal que parcourt le sang menstruel pour arriver à l'extérieur, peut offrir soit des vices de conformation, soit des lésions accidentelles qui le rendent impropre à transmettre au dehors le fluide sécrété, et de là résultera l'aménorrhée par défaut d'excrétion.

Déjà donc, nous possédons de l'aménorrhée deux grandes et rationnelles distinctions :

Aménorrhée : { 1° par vice de sécrétion ; 2° par vice d'excrétion.

Ces deux grandes divisions, fournies par l'examen physiologique de la menstruation et anatomique de ses organes ne sont pas de peu d'importance pour le médecin praticien, car chacune d'elles présente des indications fort différentes. Tandis, en effet, que la seconde réclame le plus souvent l'intervention armée du chirurgien, qu'elle demande pour être guérie, qu'un organe oblitéré soit ouvert, qu'un produit anormal soit enlevé, qu'un corps accidentel soit extrait, qu'un organe déplacé soit rétabli dans sa position naturelle, etc., tandis, en un mot, qu'elle exige une opération sanglante ou des moyens chirurgicaux proprement dits, les moyens médicaux, les médicamens internes, et dans certains cas quelques moyens mécaniques conviennent à la première. En d'autres termes, si on veut, l'une de ces divisions renferme des affections du ressort de la chirurgie, et l'autre des affections du ressort de la médecine.

Cette distinction, pour un rigoriste qui voudrait séparer de la médecine la chirurgie, présente l'avantage de tracer les limites du domaine de l'un et de l'autre. Toutefois, ce n'est point là assurément ce qui nous l'a fait accepter, c'est bien plutôt parce qu'elle nous permet d'étudier cette affection en considérant d'abord l'état de la fonction, l'état de l'organe exonérateur en lui-même ou relativement aux autres, mais toujours comme organe de sécrétion, et dans une autre section, l'état matériel, toujours local, du conduit que doit traverser, pour s'échapper au dehors, la matière séparée de l'économie.

Dans le cours de la vie de reproduction, *vie sexuelle* ou *vie utérine* de la femme, s'offrent trois stades très-tranchés : 1° l'époque à laquelle paraît la menstruation; 2° le temps pendant lequel les menstrues se montrent régulièrement; 3° enfin le moment où cesse d'avoir lieu le travail métrorrhagique, *l'âge de retour*, qui ne doit pas nous occuper en ce moment. Il peut arriver qu'au terme fixé par la nature pour la première apparition des règles, cet acte ne s'accomplisse point, comme il peut arriver que pour une cause, quelle qu'elle soit, les menstrues se suppriment après avoir paru, et après avoir eu cours pendant un certain temps, pendant même un certain nombre d'années.

Dans ces deux circonstances il y aura bien aménorrhée, mais dans des conditions différentes.

Dans le premier cas, la fonction éprouve dans son établissement des difficultés plus ou moins grandes, insurmontables parfois, tandis que dans le second, après son établissement bien complet, elle vient à cesser soit brusquement, soit d'une manière lente et progressive.

Dans le premier cas, elle a lieu au moment où l'organisme tout entier se livre aux grands changemens qui marquent l'approche de la nubilité, de la puberté ; la sécrétion ne s'établit point, quoique l'âge ordinaire soit arrivé: quoique les modifications survenues dans la personne de la jeune fille semblent l'annoncer, quoique les phénomènes d'une congestion vers l'utérus se manifestent, le sang ne paraît pas.

Dans le second cas, pour une cause dont l'appréciation difficile exige souvent une étude longue, laborieuse, les menstrues cessent subitement ou diminuent pendant quelque temps pour arriver de là à une complète disparition.

Dans le premier cas, l'aménorrhée a lieu au *moment de la puberté*, au moment où tous les autres signes annoncent que cette grande époque est arrivée, mais les règles ne viennent point compléter la scène et attester de la faculté reproductrice; l'aménorrhée est *pubère*, ou mieux *ante-pubère*.

Dans le second cas, elle ne se manifeste qu'après que la vie utérine est bien déclarée, elle est *post-pubère*.

Il paraîtra sans doute mauvais à quelques lecteurs que nous fassions des mots nouveaux, malgré notre note de la page 196; mais nous répondrons que la science ne possédant aucun terme pour rendre notre pensée, il a bien fallu en chercher un qui fût aussi significatif que possible. Le signe pathognomonique de la puberté étant l'établissement des règles, la menstruation étant la grande fonction qui doit s'exécuter à cette époque, étant, de plus, une condition presque *sine quâ non* d'aptitude à la reproduction chez la femme, nous nous sommes cru autorisé à dire *aménorrhée ante-pubère*, au lieu d'*aménorrhée par rétention*, car dans toute amétrorrhagie il y a rétention, et c'est là précisément ce qui la constitue; au lieu d'*aménie* (sans mois), mot impropre, car il y a absence des mois chez toutes les femmes atteintes de suppression. Mais nous ajouterons aussi que c'est à défaut de mieux que nous employons cette expression, à laquelle nous renoncerions volontiers pour une plus significative et rendant mieux notre pensée. Peut-être pourrait-on désigner aussi par le nom *primitive* l'aménorrhée que nous appelons *ante-pubère*; mais ce mot ayant déjà été employé par les auteurs pour exprimer une autre idée, nous craignons qu'il y aie confusion, et d'ailleurs nous laissons le choix au lecteur ; peu nous importe le nom, pourvu que la chose soit bien comprise et bien déterminée. Jusqu'à la création d'un nom meilleur, qu'il nous soit donc permis de diviser notre *aménorrhée par défaut de sécrétion* en deux espèces : 1° *ante-pubère*, ou *primitive* si l'on aime mieux ; 2° *post-pubère*.

Toute discussion technologique mise de côté, résumons ce que nous venons d'établir, et admettons que l'aménorrhée pût avoir lieu par *vice ou défaut de sécrétion*, par *vice ou défaut d'excrétion*.

Les cas qui se présentent dans ces deux premières divisions peuvent se manifester à des époques différentes : ainsi au moment où les règles paraissent ordinairement pour la première fois, ou bien après que la fonction a eu lieu pendant un temps plus ou moins long, d'où :

Aménorrhée { par vice de sécrétion.
{ 'excrétion.

Aménorrhée { ante-pubère ou primitive.
{ post-pubère.

Cherchons maintenant d'après l'observation à établir les cas particuliers, et pour procéder méthodiquement, commençons par l'aménorrhée par *vice de sécrétion et ante-pubère*.

AMÉNORRHÉE ANTE-PUBÈRE.

Lorsque vient l'époque ordinaire de la puberté, la jeune fille est loin de se trouver toujours dans les mêmes conditions; l'organisme en général, et les divers systèmes en particulier, sont loin aussi de se présenter dans les mêmes dispositions. La constitution, le mode d'éducation, le genre de vie, la position sociale, l'état antérieur de bonne santé ou de maladie, l'alimentation, les habitudes, l'habitation, les climats, l'hyidosyncrasie, etc., exercent sur l'individu et sur l'apparition des règles la plus grande influence. Chez l'une, il y aura en quelque sorte excès de vie, *pléthore, polyhémie,* chez l'autre défaut, *asthénie, anhémie;* chez l'autre, l'état général, d'ailleurs satisfaisant, marchera avec une sorte d'*inertie* de l'utérus qui reste plongé dans l'engourdissement du jeune âge et semble étranger aux grandes modifications de l'économie.

Dans la première supposition, c'est-à-dire quand il y a *polyhémie*, il peut se faire que le sang des règles ne coule point, quoique souvent le travail congestif utérin se manifeste par les traits qui lui sont propres. Alors, soit que l'on admette un sang trop riche et trop plastique pour circuler librement dans les capillaires, soit que l'on admette la rigidité de la fibre, la contraction permanente des vaisseaux, entretenue par l'excitation que produit la pléthore, pour expliquer le défaut de transudation sanguine, alors, disons-nous, il y a aménorrhée par pléthore, par *polyhémie générale.*

Dans certaines circonstances, il peut arriver que les efforts hémorrhagiques aient lieu à des intervalles plus ou moins éloignés, plus ou moins réguliers; il peut se manifester des symptômes de congestion du côté du bassin, mais le travail ne va pas jusqu'à chasser au dehors le sang qui s'est amassé dans l'utérus. Après un certain nombre de ces congestions, la matrice qui s'est trouvée souvent gorgée de sang, est prise d'engorgement qui, plaçant l'organe exonérateur dans des conditions morbides, peut à son tour devenir cause d'une aménorrhée que, vu sa cause, nous désignerons volontiers par le nom d'aménorrhée par engorgement, *par polyhémie utérine.*

Ces cas ne sont pas les plus communs : on voit souvent, au contraire, les jeunes filles arriver à l'âge de puberté dans un état de faiblesse et d'asthénie plus ou moins marqué. Elles sont anhémiques, hydrohémiques, et il n'est pas difficile alors de concevoir que les règles ne paraissent point : il manque des matériaux dans l'économie. Ces sujets sont atteints d'*aménorrhée par anhémie.*

L'observation a appris encore que dans certains cas, quoique la jeune fille présentât toutes les apparences d'une bonne constitution, quoiqu'elle fût dans les conditions les plus favorables pour l'établissement facile de la menstruation, cependant cet acte restait inaccompli. Le raisonnement, les faits, et surtout la thérapeutique ont montré qu'alors la matrice était frappée d'une sorte d'inertie qui la rendait indifférente aux mouvemens de la puberté, et incapable de se laisser impressionner par le molimen menstruel. Cette sorte de stupeur de la matrice donne lieu à l'*amétrorrhagie par inertie utérine.*

Résumons-nous de nouveau, et nous trouvons que l'*aménorrhée ante-pubère* peut être :

1° *Par polyhémie générale,*
2° *Par polyhémie locale, utérine,*
3° *Par anhémie,*
4° *Par inertie utérine.*

AMÉNORRHÉE POST-PUBÈRE.

C'est ainsi que nous nommons l'amétrorrhagie par défaut de sécrétion, qui a lieu toutes les fois que, quelle qu'en soit la cause, après avoir paru un certain nombre de fois, après avoir eu cours pendant un certain temps, les règles viennent à cesser. C'est à ces cas qu'a été plus spécialement appliqué le nom *aménorrhée*. C'est aussi peut-être à eux qu'on est le plus souvent appelé à porter remède.

Les causes qui produisent cette suppression des menstrues peuvent être puissantes, brusques, instantanées; elles peuvent agir plus faiblement et ne produire leur effet qu'à la longue. Selon qu'elles présenteront l'un ou l'autre de ces deux caractères, on verra l'écoulement menstruel cesser tout-à-coup, ou bien, commencer d'abord par diminuer, pour plus tard devenir nul, ou encore rester indéfiniment affecté de diminution, ou de retard dans les époques d'apparition. Selon l'un ou l'autre cas, l'aménorrhée sera :

Spontanée (accidentelle).
Progressive (constitutionnelle).

Les mois peuvent subitement s'arrêter, *l'aménorrhagie peut être spontanée* :

Au moment où les règles vont paraître, quand elles sont établies, ou bien pendant qu'elles coulent, survienne une émotion morale vive, une frayeur, une surprise, une douleur violente, etc., l'hémorrhagie peut cesser tout-à-coup : c'est là un fait incontestable, et évidemment dans ce cas, c'est du système nerveux que part le trouble, et l'on peut dire qu'alors la femme est atteinte *d'amétrorrhagie par influx nerveux* (par *dysencéphalonervie*, de la nomenclature de M. Piorry) : c'est *l'aménorrhée sympathique* de quelques auteurs.

Une femme touche au terme ordinaire de ses règles, ou bien même le sang a déjà paru, quand tout-à-coup une congestion, une inflammation vives s'emparent avec intensité d'un organe important, parenchymateux surtout; alors les règles cessent ou ne paraissent point : il semble qu'une dérivation s'est établie vers l'organe malade, assez forte pour arrêter le travail hémorrhagique. Quoi qu'il en soit de l'explication, le fait est vrai, et il y a *amétrorrhagie par hyperhémie d'un organe éloigné.*

Quelque temps avant l'époque, la matrice peut être congestionnée, enflammée, ou bien l'inflammation, la congestion se déclarent seulement pendant l'écoulement. Celui-ci s'arrête ou ne paraît point. C'est ce que l'on voit assez fréquemment à la suite d'une injection froide faite imprudemment au temps des règles, quand on n'en a pas l'habitude, ou à la suite de l'immersion d'une partie du corps, des pieds surtout, dans l'eau froide, causes qui peuvent encore donner lieu au genre précédent comme aussi produire une congestion de la matrice et déterminer une aménorrhée par *hyperhémie utérine.*

Ces mêmes causes peuvent aussi donner lieu à la suppression des règles sans que l'on trouve de trace de congestion vers la matrice, qui, au contraire, semble s'être contractée, avoir détruit en un instant le travail congestif qui avait eu lieu, ou l'avoir rendu impossible à son début. Ainsi se produit l'aménorrhée que l'on peut appeler *par amétrohémie.*

Dans quelques cas enfin, il peut se faire que la femme atteinte soit de congestion, soit d'inflammation d'un organe indispensable à la vie, le cerveau, le poumon, par exemple, il peut se faire, disons-nous, que cet état oblige le médecin à pratiquer des saignées copieuses et répétées pour parer au danger imminent. Il peut advenir aussi, qu'au lieu de cette évacuation, produit de l'art, ce soit une hémorrhagie grave et subite qui se manifeste : dans un cas comme dans l'autre, il peut arriver ce que nous avons vu chez une femme qui fut prise deux jours avant son époque d'une pneumorrhagie effrayante, et chez qui les règles furent supprimées pendant trois mois. Il y a alors *amétrorrhagie par anhémie subite.*

Ainsi *l'aménorrhée post-pubère, par défaut de sécrétion spontanée,* peut avoir lieu :

Par trouble nerveux;
Par hyperhémie éloignée;
Par hyperhémie utérine,
Par amétrohémie,
Par anhémie subite.

AMÉNORRHÉE CONSTITUTIONNELLE.

L'aménorrhée constitutionnelle, celle qui vient lentement, qui suit en quelque sorte l'état général, celle enfin qui constitue notre second ordre, réclame à son tour des divisions.

Il n'est pas tellement rare, qu'on n'en pût citer des exemples, de trouver dans le monde des femmes qui, à un certain âge, trente ans, prenant un embonpoint excessif, voient, en même temps qu'elles éprouvent les symptômes de la réplétion, de la polyhémie, leurs règles diminuer peu à peu et cesser enfin complètement. C'est *l'amétrorrhagie par polyhémie.*

On voit aussi des femmes, de jeunes femmes et des

filles surtout, lymphatiques ou nerveuses, chez qui, par suite de maladies ou sans causes trop connues, se manifestent de la langueur, de la pâleur, de la mollesse des chairs; le mouvement leur répugne, les muqueuses se décolorent, les fonctions sont plus ou moins troublées, les règles deviennent de plus en plus rares, le sang qui s'échappe du vagin est de plus en plus séreux, enfin il cesse de couler. Telle est l'*aménorrhée par anhémie ou hydrohémie*, dont l'histoire se rattache directement à celle de la *chlorose*.

Ne devons-nous pas placer ici, comme complément au moins, la suppression des menstrues qui accompagne les maladies longues, la suppuration, les dégénérescences organiques, la phthisie, le cancer, etc., et en faire une variété sous le nom d'*aménorrhée par dégénérescence organique*?

Enfin les affections de la matrice peuvent arrêter le cours des règles et donner lieu à une sorte d'aménorrhée à laquelle on peut donner le nom d'*aménorrhée par métropathie*, et que dans beaucoup de cas pourtant on peut rapporter à une des variétés précédentes (1).

AMÉNORRHÉE PAR NON EXCRÉTION.

Nous avons passé en revue et cherché à classer les variétés de l'aménorrhée par non sécrétion. Reste maintenant à nous occuper de celles par défaut d'excrétion.

---

(1) Je ne suis point entré dans tous les détails qu'auraient exigé les différentes variétés: j'ai cru devoir agir de la sorte afin de ne pas trop fatiguer l'attention, et je suis convaincu que le peu que j'ai dit suffira pour établir des caractères assez tranchés.

Les organes nous tracent eux-mêmes une première division, et nous indiquent que *l'aménorrhée par non excrétion* peut être *utérine* ou *vaginale*.

UTÉRINE.

La matrice peut manquer. Assurément alors il y aura aménorrhée, l'écoulement menstruel n'aura pas lieu, mais dans ce cas, il y a non seulement défaut d'excrétion, mais encore de sécrétion; l'organe chargé du principal rôle n'existe point. C'est un fait à part.

La matrice peut être imperforée. C'est à la chirurgie d'appliquer les moyens capables de remédier à ce vice de conformation, dont nous ne pouvons pas nous occuper avec détail et que nous ne devons qu'indiquer ici, renvoyant aux vices de conformation et à leur traitement.

A la suite d'une ulcération, d'une inflammation, d'une déchirure faite au museau de tanche, les lèvres du col peuvent se rapprocher, se cicatriser ensemble, et fermer ainsi toute communication avec l'extérieur. De même, si la matrice a subi une déviation considérable, et telle que l'ouverture du col se trouve appliqué contre quelque partie du bassin, assurément, dans ces cas, les règles seront plus ou moins gênées dans leur cours, et même supprimées.

Des corps étrangers ou anormaux, un polype, un caillot, etc., développés ou enfermés dans la cavité utérine, peuvent produire la rétention des règles.

Ordinairement la matrice sécrète une sorte de mucus, qui dans certains cas peut s'épaissir au point d'intercepter le cours du sang. J'ai vu, en examinant une femme qui subissait un traitement anti-amétrorrhagique et chez qui j'appliquais la *ventouse utérine* ou *spéculum pompe* dont j'ai déjà parlé, se présenter à l'ouverture du col utérin, un corps transparent semblable à du blanc d'œuf à demi-cuit. En vain avec un pinceau essayai-je de l'enlever, je fus obligé de recourir à la pince. A mesure que je tirais sur ce produit saisi par les branches de l'instrument, il s'allongeait sans se rompre, et après plusieurs tentatives j'obtins près d'un gros de cette matière. J'aurai occasion de reparler de ce fait. On conçoit parfaitement qu'une circonstance semblable puisse, jusqu'à un certain point, empêcher l'excrétion du sang menstruel.

VAGINALE.

Nous venons de voir que diverses dispositions de la matrice peuvent s'opposer à la sortie du sang menstruel, il peut en être de même pour le vagin. En effet, ce canal peut manquer la matrice existant, ou bien il peut être oblitéré congénialement dans un point de son trajet. La membrane hymen peut aussi former un diaphragme complet et sans ouverture. Ces différentes circonstances peuvent produite l'aménorrhée par défaut d'excrétion.

Pour les mêmes causes que plus haut, inflammation, ulcération, déchirures, le vagin peut être affecté d'adhésion vicieuse; il peut être rempli par un corps étranger. Dans tous ces cas, il y a *amétrorrhagie par non excrétion* (1).

Tels sont les divers genres d'aménorrhée que nous croyons devoir admettre et que résume le tableau suivant :

---

(1) Il est bien entendu que l'aménorrhée par non excrétion peut être anté-pubère ou post-pubère.

AMÉNORRHÉE	Par non sécrétion.	ANTÉ-PUBÈRE ou PRIMITIVE.	Par polyhémie générale. Par polyhémie locale. Par anhémie ou hydrohémie. Par inertie utérine.
		POST-PUBÈRE.	Spontanée ou accidentelle. { Par influx nerveux. Par hypérhémie éloignée. Par hypérhémie utérine. Par amétrohémie. Par anhémie subite. Progressive ou constitutionnelle. { Par polyhémie. Par anhémie ou hydrohémie. Par dégénérescence organique. Par métropathie.
	Par non excrétion.	UTÉRINE.	Par absence de matrice. Par imperforation. Par déviation. Par adhésion vicieuse. Par corps étrangers.
		VAGINALE.	Par absence du vagin. Par imperforation. Par adhésion vicieuse. Par corps étrangers.

L'aménorrhée par non excrétion peut être comme celle par non sécrétion, *ante-pubère* ou *post-pubère*, et cela ne demande pas d'explication; il suffit de jeter un coup-d'œil sur le tableau.

En cherchant à établir une classification rationnelle et naturelle de l'aménorrhée, nous avons indiqué les causes organiques qui donnent lieu à cet état, et l'on a vu que c'est surtout à l'aide de ces causes sans cesse variées, que nous sommes parvenus à établir des distinctions. Maintenant, un point important réclame notre attention, c'est le traitement. A mesure que nous avancerons dans son examen, nous parlerons du pronostic; mais, avant tout, qu'il nous soit permis de faire une réflexion importante dans la pratique, de rappeler des faits qui nous ont frappé, et qui souvent aussi ont réglé notre conduite.

La classification que nous venons de résumer dans un tableau, nous la croyons vraie; la théorie s'accommode d'elle, et les faits viennent la sanctionner de leur puissant appui; mais il advient, et le cas n'est pas rare, que ce n'est qu'après deux et trois mois d'absence de l'écoulement menstruel, que le médecin est consulté; mais il advient aussi qu'appelé après la première interruption de l'écoulement, la cause n'étant pas très-manifeste, ne pouvant point aider son diagnostic de recherches qui alarment la pudeur de la femme, et nuiraient à sa considération, le praticien, qui peut supposer le développement d'un germe dans la matrice, se trouve dans une embarrassante position. En effet, il peut, en agissant, détruire un embryon dès les premiers temps de sa vie intrà-utérine. La prudence, la crainte d'un avortement, quoique involontaire, l'obligent à attendre que des signes positifs soient venus dissiper ses doutes, et le convaincre que la matrice est vide de tout produit. Eh bien ! pendant ce temps, l'organe exonérateur, lors même que des causes agissant en le congestant auraient produit la suppression du flux, l'organe exonérateur, disons-nous, subit des modifications telles, qu'il semble perdre l'habitude de ses fonctions, qu'il cesse d'être pris du travail hémorrhagique menstruel. Il semble vraiment, qu'on nous passe le mot, que la matrice ait perdu ses habitudes régulières, qu'elle s'est endormie en face des troubles que produit la suspension de la fonction de sécrétion.

Ces cas sont communs; ils se pressent en foule sur les pas du médecin, l'engagent à augmenter à chaque instant d'attention, et ce sont eux aussi qui ont fait la réputation des excitans en général, et des emménagogues en particulier, médicamens de la plus grande utilité d'ailleurs, pourvu qu'on n'en fasse point une selle à tous chevaux, une panacée applicable à tous les cas, mais qu'on les réserve pour ceux qui en réclament l'emploi raisonné. Cette proposition que nous ne faisons qu'énoncer en passant, va bientôt recevoir tous les développemens qu'elle mérite.

TRAITEMENT. — PRONOSTIC.

Nous croyons ne pouvoir mieux faire ici que de reprendre une à une les divisions de notre tableau, étudier les indications qui surgissent de chacune d'elles, et les moyens qui se présentent pour les remplir. La tâche est rude; elle est hérissée de difficultés : c'est chose assez embrouillée, en effet, que le traitement de l'aménorrhée. Peut-être la confusion vient-elle de la mauvaise méthode qui dirige l'étude de cet état morbide, et peut-être serons-nous assez heureux pour jeter quelque lumière sur des points obscurs, en indiquant les moyens conseillés par la raison et l'expérience dans les diverses circonstances qui vont être soumises à notre examen.

AMÉNORRHÉE PAR NON SÉCRÉTION. — *Antè-pubère.*

Dans tous les cas de cette catégorie, c'est-à-dire lorsque chez la jeune fille les règles ne paraissent point, à moins toutefois qu'il existe un vice de conformation, vice qui pourrait faire prendre une amétrorrhagie par non excrétion pour une autre par non sécrétion, il ne faut pas, trop se hâter d'agir, il faut attendre que l'imminence d'accidens oblige à sortir de l'inaction. Sans cette précaution, il pourrait arriver qu'au lieu de rendre le service que l'on attend d'un empressement alors dangereux, louable, mais imprudent, il ne résultât quelque mal, et qu'une malencontreuse médication ne vînt troubler les sages lenteurs que met souvent la nature dans l'établissement de la fonction menstruelle.

Nous recommandons cette remarque à nos jeunes confrères, toujours trop disposés à agir.

Ceci bien posé, entrons dans les spécialités.

Déjà, chez cette jeune fille se sont montrés tous les phénomènes qui forment le cortége habituel de la puberté : les seins ont pris du développement, ils sont tendus et douloureux; les formes se sont arrondies, le bassin s'est élargi, le pubis s'est couvert de poils, les parties externes de la génération ont pris une forme plus prononcée, tout, dans l'ordre fonctionnel, fait présumer et attendre l'apparition de la nubilité. De son côté, le moral a subi aussi des modifications, et pourtant le sang ne paraît point ; malgré une *conformation puissante et vigoureuse*, les mois s'écoulent; quelques phénomènes annoncent qu'un travail périodique s'effectue, mais faible, mais incomplet. Pendant les intervalles aucun symptôme particulier ne se manifeste, à part ceux d'une trop grande vitalité, s'il est permis d'ainsi parler. Des phénomènes de pléthore, de polyhémie, sensation de plénitude, céphalalgie, étourdissemens, etc., voilà tout ce qui se manifeste. Aucune cause locale ne s'oppose à l'établissement de la menstruation ; la seule que l'on puisse accuser c'est la polyhémie générale, l'existence d'un excès de force et de sang dans l'organisme tout entier, qui peuvent engouer en quelque sorte l'utérus, le laisser impassible au travail qui se produit en émoussant sa sensibilité.

Dans un cas aussi tranché que celui que nous venons de supposer, l'indication est claire, elle est précise : 1° diminuer la polyhémie, enlever à la masse circulatrice une partie de ses matériaux; 2° établir avec précaution vers les organes génitaux une excitation modérée qui augmente sa susceptibilité.

Le premier effet s'obtient en pratiquant dans l'intervalle des époques, si elles existent, ou bien lorsqu'aucun phénomène ne paraît du côté de la matrice, des petites saignées déplétives. Les bains tempérés prolongés, l'exercice, une diminution dans le régime, concourrent au même but, et on remplit la seconde indication en faisant, à l'aide de moyens artificiels, un centre fluxionnaire de l'appareil génital. On a conseillé pour cela des sangsues vers le haut des cuisses, mais en petit nombre, et dont on empêche de saigner les piqûres; des bains de siége, des lavemens chauds, des injections vaginales de même nature, si l'état de l'hymen le permet; des cataplasmes chauds sur l'hypogastre, des ventouses sèches aux cuisses, aux lombes. Des frictions sur les mêmes parties sont aussi rationnellement indiquées, et nous croyons pouvoir recommander une petite ventouse *ad hoc*, appliquée vers les grandes lèvres pendant un certain temps. C'est un moyen physique de congestionner le vagin, et par suite l'utérus. On peut encore conseiller, au moment où se manifeste le travail utérin, les promenades à cheval ou en voiture un peu dure, etc., etc.

Souvent il arrive que la seconde partie du traitement

est inutile. Après une première saignée, il semble se produire une détente générale, et les règles paraissent. Il est rare que le traitement que nous venons de prescrire ne soit point suivi de succès lorsqu'il est bien et convenablement dirigé, et qu'il faille recourir à l'emploi des emménagogues et des excitans spéciaux de la matrice. Mais, je le répète, un point important, c'est la justesse du diagnostic.

Il peut, avons-nous dit, exister une *amétrorrhagie par hyperhémie locale, utérine*. Nous avons vu comment se produisait cet effet, c'est maintenant à chercher les moyens de le détruire et de ramener les choses à l'état normal.

Le traitement présente ici quelques analogies avec le précédent. En effet, la saignée pourra être indiquée dans les intervalles qui séparent les époques ; on a à combattre une congestion utérine. Les bains frais prolongés trouveront aussi leur indication; mais faudra-t-il produire une excitation vers l'utérus? Quelquefois ces moyens pourront réussir, lorsque, par exemple, l'organe se laissera en quelque façon distendre passivement par le sang ; mais aussi on doit craindre d'augmenter la congestion, l'engorgement utérin, et de favoriser les suites funestes auxquelles cet état peut donner lieu. L'indication principale est d'abord de combattre la congestion, et selon l'état de la jeune personnne, pourront ensuite être indiqués, tantôt les antispasmodiques, tantôt des excitans légers, souvent l'application de sangsues vers les cuisses, pour suppléer au défaut d'écoulement, lorsque cessent les signes du travail métro-congestif. Souvent aussi on a à se louer de l'emploi de certains emménagogues, et en particulier de l'ergot de seigle, qui, excitant la contraction de la matrice, la fait se débarrasser du sang qui afflue vers elle et l'obstrue sans s'écouler au dehors. La sagacité du médecin est dans cette occurence mise à contribution et peut rendre à la malade les plus grands services, tandis qu'une proscription irréfléchie pourrait singulièrement aggraver sa position.

Les règles peuvent ne pas couler parce que la jeune fille est anhémique, parce qu'un sang trop séreux, peu excitant, circule en elle. Chercherons-nous alors à établir vers le bassin un travail de congestion? Non, assurément; la raison s'oppose à une thérapeutique aussi déplacée et repousse toute idée de ce genre. La non-apparition des règles n'est qu'un symptôme, qu'une conséquence dépendante et nécessaire de l'état général; c'est à cet état, c'est à la constitution qu'il faut s'adresser, c'est vers elle que doivent être dirigés nos efforts; c'est à faire un sang plus riche et plus abondant que nous devons viser, car, sans cette condition, jamais le mal ne saurait être guéri.

Une alimentation réparatrice, succulente et en quantité nécessaire convient parfaitement; le vin sera prescrit. La promenade, l'exercice au soleil, au grand air, l'équitation, les promenades en voiture, les frictions sur tout le corps, les bains aromatiques, quelques toniques, le fer, tous les agens enfin capables de refaire l'économie, tels seront les moyens mis en usage par tout praticien sage et judicieux. Ce n'est qu'après un traitement de ce genre et employé pendant un temps convenable, qu'une médication spéciale et directe peut trouver son application pour terminer ce qui a été préparé par le traitement général.

Les mêmes conseils, les mêmes soins doivent être donnés aux personnes molles, lymphatiques et qui se font remarquer par une apathie considérable.

Si le défaut de menstruation tient à l'inertie de la matrice, que la constitution d'ailleurs soit bonne et qu'on ne puisse pas l'accuser de prendre part à la production du désordre, alors c'est à l'organe reproducteur qu'il faudra directement s'en prendre; ce sera le cas de chercher à l'exciter, à la tirer de sa torpeur par tous les moyens possibles physiques ou médicamenteux. A des époques fixes et régulières, on emploiera les excitans emménagogues, les ventouses, les bains de siége, les synapismes, les frictions vers les cuisses, les bains de jambe, la ventouse directe, dont nous avons parlé, les lavemens chauds et un peu stimulans, etc. On pourrait aussi, comme on l'a conseillé quelque part, avoir recours à l'électricité dirigée vers les parties génitales. Le seigle ergoté trouve encore ici sa place. L'iode et l'hydriodate de potasse ont, dit-on, réussi quelquefois, et M. Carron du Villards conseille le cyanure d'or.

Nous croyons devoir rejeter, du moins dans ce cas, les injections excitantes faites dans l'intérieur même de la matrice, et nous ne dirions rien des pessaires employés comme stimulans, si nous ne les avions vus conseillés quelque part. Il ne faut pas une grande perspicacité pour voir qu'ils sont ici contre-indiqués par l'état même des parties. Un journal publiait il n'y a pas long-temps des cas de guérison d'aménorrhée par la chélidoine hachée et introduite dans les bas des malades. Je ne sache pas qu'on aie de nouveau expérimenté ce remède. Enfin, il est un moyen dont on a tiré parti, et que l'on pourrait essayer : c'est l'excitation des mamelles par les synapismes. La science possède déjà quelques exemples de succès par l'emploi de ce moyen, qui me semble mériter d'être pris en considération dans la variété qui nous occupe. Nous reviendrons ailleurs et plus en détail sur l'emploi de cet agent. C'est ici le lieu de rappeler qu'il n'est pas rare de voir de jeunes filles mal réglées, le devenir parfaitement si elles se marient. L'excitation que produit l'acte conjugal sur la matrice dispose souvent cet organe à remplir ses fonctions.

La gravité des différentes aménorrhées dont nous venons d'indiquer les moyens curatifs n'est pas grande tant que l'économie conserve encore certaine force, que des désordres graves ne se sont point manifestés, et qu'on est sûr qu'il n'y a point de vice de conformation. Mais, nous ne saurions trop le répéter, il faut s'entourer toujours de la plus grande prudence, ne pas agir à la hâte et sans indication précise, et savoir souvent respecter les sages lenteurs de la nature.

AMÉNORRHÉE POST-PUBÈRE.

Dans cette classe, les variétés sont plus nombreuses que dans la précédente. Une foule de causes peuvent, en effet, produire la suppression de l'écoulement menstruel qui a déjà eu cours pendant un certain laps de temps.

Ces causes diffèrent considérablement entre elles, et elles arrivent à la production du même phénomène, l'aménorrhée, en donnant lieu à des organopathies bien différentes l'une de l'autre. Il suit nécessairement de là que le traitement doit être très-variable aussi et les moyens thérapeutiques souvent opposés.

Dans cette division on rencontre souvent une condition importante qu'on ne retrouve pas dans la précédente, je veux parler de la défloration. Cette circonstance mérite qu'on en tienne compte ; d'abord elle permet une exploration souvent nécessaire, et nos lecteurs, qui connaissent maintenant notre ventouse utérine, ont déjà prévu la différence qu'elle peut établir dans le traitement.

AMÉNORRHEE SPONTANÉE (ACCIDENTELLE) PAR INFLUX NERVEUX.

Déjà nous savons comment cette variété se produit, voyons comment il convient de la traiter. Est-il besoin de dire que la femme doit éviter tout ce qui, occasionnant un trouble nerveux, peut supprimer les règles ? Non, évidemment ; ce serait vouloir s'occuper de prophylaxie, ce qui ne peut point entrer dans notre plan. Le mal est produit, qu'avons-nous à faire ? Avant tout, chercher à éloigner la cause qui lui a donné lieu, puis s'occuper de rappeler le sang vers les voies naturelles, voilà l'indication. Ordinairement fort inquiet pour une suppression brusque des règles, comme à la suite d'une frayeur ou de toute autre émotion morale vive, il n'est pas rare qu'on fasse appeler le médecin au moment même de l'accident, où très-peu de temps après la cessation du flux, comme cela m'est arrivé plusieurs fois. Alors il est sage de chercher à rétablir l'écoulement. En conséquence, on agira sans perdre de temps par des moyens capables de rappeler le sang au dehors et d'exciter l'action de la matrice. Les bains de pieds, les ventouses et les frictions aux cuisses et aux lombes, les bains de siége chauds, les injections chaudes, la vapeur d'eau chaude dirigée dans le vagin au moyen d'un entonnoir, les lavemens à une température un peu élevée, tels sont les moyens qui se présentent pour remplir l'indication que nous avons posée. Mais c'est là un des cas où le spéculum-pompe, ventouse utérine, trouve une de ses plus utiles applications. C'est, nous le croyons, le plus sûr moyen à employer, et notre opinion se fonde non-seulement sur la théorie, mais encore sur les faits. Nous ne faisons que signaler ici l'indication de cet appareil, et nous renvoyons pour ce qui le concerne au premier volume des Annales, dans lequel nous en avons déjà parlé.

Je ne dois pas passer outre sans dire que la variété d'aménorrhée qui nous occupe s'accompagne assez souvent, au moment de sa production, de douleurs hypogastriques qui semblent annoncer un état de souffrance de la matrice. Dans ces cas, outre les moyens indiqués plus haut, j'ai employé le seigle ergoté ou l'esprit de mendérérus, qui me semblent avoir été utiles. Il me semble inutile de dire que l'on doit employer les anti-spasmodiques dans les cas où il existe de l'agitation, etc.

Tantôt le traitement employé est suivi d'un plein succès et le sang reprend son cours, tantôt il reparaît pour cesser de nouveau peu de temps après, tantôt enfin tous les efforts sont vains, et il faut attendre une autre période menstruelle. Mais il arrive aussi que l'on n'est appelé que deux ou trois mois après l'accident. Alors le premier soin est, comme toujours, de s'assurer de l'état de vacuité de la matrice, de procéder à l'examen vaginal de l'organe, afin de reconnaître s'il est ou non atteint d'engorgement, etc.

On prévoit que dans ces circonstances, on n'a plus affaire au même genre d'aménorrhée; que le temps qui s'est écoulé depuis son apparition a changé sa nature, et elle rentre alors dans une des autres variétés dont nous allons nous occuper.

Supposons maintenant qu'on a reconnu une *amétrorrhagie par hyperhémie d'un organe éloigné*.

Evidemment il faut combattre cette inflammation ou cette congestion, l'attaquer partout où elle se trouve, et notons-le bien, l'état des choses nous fournit un moyen très-propre de curation, un moyen de faire cesser deux maux à la fois, la pneumonie, par exemple, si c'est le poumon qui se trouve pris, et l'amétrorrhagie qui en est une conséquence. Pour tous les médecins et de tous les temps, il est de remarque que l'apparition des règles chez des femmes atteintes d'inflammation jugeait souvent ces maladies et agissait plus efficacement que tous les autres moyens imaginables. C'est de ce côté que doit se porter notre attention, c'est-à-dire à faire de la matrice un centre fluxionnaire dérivatif, à provoquer l'écoulement des règles. C'est par là qu'ont lieu les saignées les plus avantageuses. Ainsi tous les moyens qui pourront contribuer à produire la congestion seront employés, en particulier, notre *ventouse*. Outre qu'en rappelant les règles l'on produira une saignée déplétive, incontestablement aussi on en aura une dérivative. Ce n'est pas dire pourtant qu'il faille s'en tenir là pour la cure de la maladie cause.

Nous avons encore ici à faire observer qu'il est très-rare que l'on soit appelé dans ces cas pour la suppression de règles, et ce n'est pas là assurément la chose la plus pressante, mais il n'est pas moins vrai que le praticien attentif doit user du moyen que lui fournit la nature et agir du côté de la matrice. C'est d'ailleurs le conseil donné par plus d'un maître et confirmé par l'observation.

Au moment où elle va se livrer à la sécrétion menstruelle, la matrice devient par cela même plus apte à ressentir les influences morbides ; plus qu'à toute autre époque elle peut devenir malade, à cause de l'afflux sanguin qui se fait dans son tissu, plus qu'à toute autre époque elle est disposée à l'inflammation, et sans doute, lorsque cet état se manifeste, il peut empêcher les règles. Il en est de même encore lorsque, peu de temps avant le moment des menstrues, s'est manifestée une métrite qui dure encore au terme mensuel ordinaire.

Quand existe une amétrorrhagie de ce genre, évidemment il faut craindre d'employer des moyens capables d'augmenter la congestion, et d'attirer vers la matrice une plus grande quantité de sang. C'est à rendre l'organe à son état normal, c'est à détruire l'inflammation et la congestion que doivent tendre tous les efforts. C'est un des cas où le jugement de l'homme de l'art, où sa sagacité doivent le plus être mis à contribution, car c'est un des cas difficiles de la pratique.

La conduite du médecin sera-t-elle la même s'il y a simple congestion passive, engorgement, métrohémie, ou s'il y a métrite? Aura-t-il recours aux mêmes moyens? Non, assurément, il ne doit point en être ainsi; ce serait agir en aveugle, s'exposer à faire le plus grand mal, et peut-être aussi dans la crainte de trop augmenter le nombre de nos divisions, n'aurions-nous pas réuni sous la même dénomination, dans la même variété ces deux circonstances. S'il y a métrite, surtout si elle est intense, l'écoulement des règles ne devra point être le but du traitement; si les douleurs sont vives, s'il existe une hypométrite, il faudra s'attacher à attaquer vigoureusement le mal: saignées, bains entiers long-temps prolongés, diète, repos complet, antiphlogistiques, voilà les moyens dont il faut user, le cercle d'où il ne faut point sortir. Qu'importe alors le défaut des règles? Certes, si elles viennent à paraître par les seuls efforts de la nature, et cela arrive, ce sera grand bien, mais on ne doit pas provoquer l'issue du sang; en appelant les fluides circulans en plus grande quantité, on ne ferait qu'agraver le mal; il ne faut voir là qu'un état organique de l'utérus, et peut-être l'attaquer à cette époque plus vigoureusement qu'à toute autre, car le molimen menstruel rendrait infructueux les demi-moyens.

Au contraire, y a-t-il hypométrite, métrite-chronique, peut-être d'autres voies seront ouvertes au médecin : ne pourrait-il pas alors employer quelques moyens résolutifs? Ne pourrait-il pas prescrire l'ergot de seigle qui, augmentant la contractilité, modifiant la susceptibilité de la matrice, la ferait se débarrasser d'une partie du sang qu'elle contient, provoquerait l'écoulement périodique, mènerait à bien la maladie ? De la prudence cependant, et grande attention à ce qui peut se passer, car la médication pourrait devenir nuisible.

Si c'est un engorgement qui empêche le sang de couler, et c'est seu'ement au moyen du toucher et du spéculum que l'on peut s'assurer du fait, il serait ce me semble, fort maladroit et fort irrationnel de vouloir mettre en usage bains de pieds et de siége, emménagogues et drastiques, car on augmenterait l'engorgement. Ici encore, ce ne sont point les règles qu'il faut considérer, c'est l'état organique. S'il dure depuis long-temps, on pourra recourir aux moyens propres à combattre cette affection et peut-être aussi se trouvera-t-on bien de quelques stimulans directs; nous conseillerons encore l'ergot de seigle; que l'on détruise la cause, et l'effet (l'aménorrhée) ne tardera point de disparaître. La gravité est toujours en rapport avec l'intensité de la congestion, de l'inflammation, et avec la difficulté que l'on éprouve à les faire cesser.

Dans la variété qui vient de nous occuper, je suis tout disposé à proscrire le spéculum-pompe, quoiqu'un confrère de Paris m'ait assuré s'en être bien trouvé dans les cas d'engorgement ou de métrite chronique.

Nous arrivons à la distinction la plus importante, à l'aménorrhée par amétrohémie, à celle en laquelle le plus grand nombre des autres peuvent à la longue se convertir, à celle que nous avons le plus souvent eu l'occasion de rencontrer.

Dans cette variété, le molimen menstruel a cessé de se manifester depuis un temps plus ou moins long, et comme nous le disions, la matrice a perdu en quelque sorte l'habitude du travail dont elle est chargée, le sang n'arrive plus dans ses vaisseaux, pour de là être porté au dehors.

Dire quelle est la cause de la non apparition de l'hémorrhagie, c'est aussi poser les bases du traitement, c'est dire qu'il faut provoquer, régulariser la congestion.

Si c'est depuis peu que les mois sont suspendus, il est souvent aisé d'y porter remède, mais la chose devient d'autant plus difficile que la sécrétion est arrêtée depuis un temps plus long.

Il peut arriver 1° que tous les mois la femme éprouve du côté du bassin quelques phénomènes qui indiquent que le travail n'est point complétement suspendu, mais seulement qu'il n'est point assez fort pour que le sang paraisse; 2° il peut arriver que rien ne fasse reconnaître les époques. Ici, comme là, les mêmes moyens thérapeutiques conviendront, mais avec des conditions différentes.

Dans le premier cas, il faudra agir aux momens indiqués par les restes du travail mensuel, dans le second, il faudra calculer les époques où la femme devrait voir. (Il faut, dans ce calcul, tenir compte de l'avance ou du retard que la malade éprouvait à chaque terme menstruel.)

C'est dans cette occurence que trouvent leur juste place les emménagogues en général, et les moyens fluxionnaires.

Pour ne point entrer dans d'ennuyeux détails, nous allons nous borner à indiquer les moyens de traitement que nous sommes dans l'habitude de prescrire et qui nous réussissent :

1° Bains de siége chauds matin et soir;

2° Lavemens chauds deux fois le jour;

3° Injections chaudes plusieurs fois répétées;

4° Cataplasmes chauds sur l'hypogastre;

5° Frictions à la partie supérieure des cuisses et aux lombes;

6° Application de ventouses sèches sur les mêmes régions tous les jours;

7° Une sangsue tous les jours à chacune des grandes lèvres, avoir soin d'arrêter le sang aussitôt la chûte de l'annélide;

8° Prendre les pilules suivantes :

℞ Aloës,
  Rue,   ââ g j.
  Ergot de seigle,   g ij.

Pour chaque pilule. Deux le matin et le soir le premier jour. Augmenter ensuite de deux par jour, à moins que survienne la diarrhée.

9° Fumigations chaudes dans le vagin;

10° Promenades en voiture ou à pied;

11° Enfin lorsque la femme veut s'y prêter et que l'emploi en est possible, depuis que nous avons la ventouse utérine, nous aidons ces moyens, nous les remplaçons même par l'application de cet appareil deux fois par jour.

C'est trois ou quatre jours avant l'époque ordinaire ou présumée que nous commençons le traitement. Il ne faut pas trop se décourager, quoique deux mois se passent sans résultat : ce n'est souvent qu'après un temps assez ong que le succès est obtenu; il a été toujours hâté par l'usage de notre instrument, car au premier mois, le sang a toujours paru. Même théoriquement, ce moyen doit être le meilleur pour appeler le sang vers la matrice, car son action est directe et du moment.

Lorsque la femme est mariée, il est bon aussi de conseiller l'usage journalier du coït pendant les jours qui précèdent l'époque. Ce moyen m'a suffi seul plus d'une fois pour faire reparaître les règles.

Ces indications suffisent, nous le croyons, pour qu'il soit possible, d'après elles, de prescrire un traitement convenable.

Il nous reste encore, pour terminer le traitement de *l'amétrorrhagie post-pubère spontanée*, de dire que lorsqu'elle existe par anhémie subite, ce ne sera qu'après que la malade aura refait le sang qu'elle a perdu qu'elle pourra être réglée. Si lorsque l'individu a réparé ses pertes, les mois restaient suspendus, on sait la marche qu'il convient de suivre.

AMÉTRORRHAGIE POST-PUBÈRE PROGRESSIVE.

Nous retrouvons comme dans l'amétrorrhagie anté-pubère une variété par polyhémie; la cause en est la même, l'effet identique, le traitement doit être semblable. Il nous suffira donc de renvoyer à ce que nous avons déjà dit. L'indication est : 1° diminuer la polyhémie, soustraire à la masse circulatrice une partie de ses matériaux; 2° établir vers les organes de la génération une excitation modérée qui en augmente la susceptibilité.

Nous retrouvons aussi l'amétrorrhagie par anhémie. Le traitement doit être le même que pour la variété correspondante de l'aménorrhée anté-pubère. Mais, de plus, ici nous conseillerons, lorsque l'organisme sera refait, l'application de la ventouse si les règles ne venaient point et que l'hymen fût déjà rompu.

Il y a encore la variété par dégénérescences organiques. Dans ces cas qu'y a-t-il à faire ? Rien. C'est une distinction complémentaire au-dessus des ressources de l'art. La cessation des règles est un effet malheureusement consécutif que rien ne peut détruire, la cause doit conduire la malade au tombeau.

Enfin nous avons l'aménorrhée par métropathie; son traitement doit évidemment être celui de la maladie de matrice qu'on aura diagnostiquée.

AMÉTRORRHAGIE PAR NON-EXCRÉTION.

Dans la seconde série nous avons retrouvé aussi un certain nombre de variétés. Nous avons admis des amétrorrhagies par absence de la matrice, par imperforation, par adhésion vicieuse. Dans tous ces cas, c'est du vice de conformation qu'il faut s'occuper, et nous ne devons pas en parler ici.

Les règles peuvent encore ne pas couler parce que des corps étrangers ou une déviation de la matrice s'opposent à leur sortie. Il faudra, dans ces cas, extraire ces corps étrangers, remettre l'organe dans une meilleure position, d'après les règles que l'art nous indique.

Le vagin peut aussi à son tour donner lieu à l'aménorrhée par non excrétion. Il peut manquer, être imperforé, présenter des adhésions vicieuses. C'est encore au chapitre des vices de conformation qu'il faut aller chercher les moyens de remédier à ces circonstances. Il peut encore se trouver dans le trajet de ce canal des corps étrangers, des productions anormales. Il faudra en faire l'extraction, et ce n'est pas ici le lieu de tracer des règles pour ces différentes opérations.

A. GUYOT, IMPRIMEUR,
Rue Neuve-des-Petits-Champs, N° 37.

OUVRAGES DU MÊME AUTEUR

ANNALES D'OBSTÉTRIQUE,
DES MALADIES DES FEMMES ET DES ENFANS.
3 vol. in-8°.

NOUVEAU MOYEN
DE
REMÉDIER A LA SUPPRESSION DES RÈGLES.
In-8°.

POLYPE DE LA MATRICE
OPÉRÉ AVANT SA SORTIE DE L'ORGANE.
In-8°.

DE L'ACCOUCHEMENT
PAR LES SEULES FORCES MATERNELLES,
DISSERTATION TRADUITE, AVEC NOTES.
In-8°.

RÉSUMÉ PRATIQUE
SUR LA VAGINITE
ET SON TRAITEMENT.
(Fleurs blanches.)

A. Guyot, Imprimeur, rue Neuve-des-Petits-Champs, 37.

www.ingramcontent.com/pod-product-compliance
Lightning Source LLC
Chambersburg PA
CBHW061005050426
42453CB00009B/1266